D. DRAGHICESCO

LES
ROUMAINS DE SERBIE

PARIS
1919

LES
ROUMAINS DE SERBIE

D. DRAGHICESCO

LES
ROUMAINS DE SERBIE

PARIS
1919

AVANT-PROPOS

La Conférence de la Paix réunie aujourd'hui à Paris
doit décider du sort des peuples et établir le statut défi-
nitif, de l'Europe. Il s'agira, dans cette conférence, de
résoudre à peu près tous les problèmes soulevés par la
guerre qui vient de prendre fin. On espère ainsi éliminer
les germes de nouvelles guerres possibles. Tout le monde
désire que soient réduites les occasions de conflits entre
les nations.

C'est pour répondre à cette préoccupation que nous
voulons attirer l'attention sur l'un des nombreux
problèmes que pose l'Orient danubien et balkanique, le
problème des Roumains qui habitent en masses compactes sur la rive serbe du Danube, dans la région com-
prise entre le Timok et la Morava. L'importance de cette
population, la situation qu'elle occupe sur la frontière
même du royaume de Roumanie, et le développement
chaque jour plus net de sa conscience nationale posera
un problème dont l'acuité ne fera que grandir à l'avenir,
même s'il ne se présente aujourd'hui que sous une forme
discrète.

C'est précisément pour diminuer les chances de conflit entre Serbes et Roumains qu'il faut que le sort des
Roumains de Serbie soit envisagé à la Conférence
de la Paix et qu'il soit statué aussi à leur égard. Ce n'est
pas en passant cette question sous silence qu'on assu-
rera la paix dans les Balkans et dans l'Europe de
demain.

Nous nous sommes proposés, en traitant de cette question, d'être aussi impartial et objectif que possible. Nous savons bien qu'il existe depuis 1915, entre Serbes et Roumains une discussion à propos d'une partie du Banat de Temeshvar, le Torontal, revendiquée par les Serbe.. Les Roumains, dans cette discussion, ont fait valoir, comme contre-poids aux prétentions des Serbes dans le Banat, les droits des Roumains de Serbie et, ces dernières années, toute une littérature s'est développée autour de ces deux questions. Mais nous nous sommes imposé de n'utiliser que les écrits antérieurs à cette discussion, les seuls qui, n'ayant pas été conçus pour les besoins de cette cause, présentent une garantie suffisante d'impartialité. Nous avons mentionné, à la fin, les Macédo-Roumains qui vivent dans la Vieille Serbie et dans la Macédoine serbe. Ils ne sont pas en question. la Roumanie n'ayant pas la possibilité de les réclamer. Ils n'en restent pas moins sous la domination serbe et leur rôle serait, précisément, de rappeler aux dirigeants de Belgrade que les Roumains ont plus d'un titre à ce que la Serbie se montre conciliante envers sa voisine.

LES ROUMAINS DE SERBIE

I

ENTRE MORAVA ET TIMOK

I. — *Le cadre géographique*

Dans le Nord-Est de la Serbie, entre la Morava à l'Ouest et le Timok à l'Est, le mont Rtani au Sud et le Danube au Nord, le pays est en grande partie habité par une population roumaine.

Sur la rive droite du Danube à partir de Dobra, et jusqu'à Vidin (ville bulgare près de la frontière serbe) les Roumains sont établis en masse compacte en de nombreux villages complètement roumains. On trouve également un nombre important de ces villages dans la vallée de Porecica, de Pec, de Reshava et de Reshavitza. Les hauteurs moyennes de Golubina, Miroci, Garvan, Staritza et Belanitza, ainsi que la vallée supérieure de la Mlava et la région située entre celle-ci et la Morava sont également habitées par des groupes compacts de Roumains. Ce n'est que sur le cours inférieur de la Mlava que les Roumains sont mêlés aux Serbes.

Cette région, dont l'étendue est environ de 12.240 kilomètres carrés, est divisée administrativement en quatre districts : Kraina, Pojarevatz, Timok et Morava.

Au point de vue géologique et géographique, aussi bien qu'ethnographique, cette région au sud du Danube est caractérisée par ce trait commun : c'est une continuation naturelle du pays roumain situé au nord de ce grand fleuve. La région centrale et montagneuse du dis-

trict de Kraina constitue comme une pointe que la Serbie
pousse entre le Banat et la petite Valachie, pays roumains. La partie septentrionale du massif de Kraina qui
fait la liaison entre les Carpathes et les Balkans s'appelle
plateau de Miroci et la partie méridionale, qui se di-
rige vers le Sud et Sud-est, Deli Iovan. Au point de vue
géologique et orographique, les Miroci sont la continuation des Carpathes. Leurs formes extérieures ne diffèrent
en rien de la chaîne carpathine du nord du Danube, et
ils prolongent les Carpathes, sans solution de continuité
apparente (1).

II. — *Ancienneté des populations roumaines en Serbie*

Cette particularité caractéristique du pays ainsi que
sa position intermédiaire entre le Banat et la petite Valachie l'ont prédestiné à être lui-même un pays roumain. C'est pourquoi il fut et sera habité par des Roumains, bien qu'il fasse actuellement partie intégrante
de la Serbie. D'ailleurs, la position géographique de ce
pays, trait d'union naturel entre les Balkans et les Carpathes, fait que la population roumaine qui l'habite
constitue elle-même un trait d'union entre les Aroumains ou Macédo-Roumains, qui habitent la péninsule
balkanique, et les Daco-Roumains qui constituent la
majorité de cette race abritée autour des Carpathes.

C'est sur ce terrain que s'établit le contact entre les
deux branches de la race roumaine (2). Les bergers
macédo-roumains venant du Sud poussent leurs troupeaux jusque dans les plaines du Timok. A partir de
Zaiciar, vers le Sud, en passant par Nish et par le vilayet
de Kossovo, et vers l'Ouest jusqu'au Mont Rudnic, les

---

(1) G. Vâlsan, *Românii din Craina, Serbie, Anuarul de Geografie si Antropogeografie*, II, 1910, p. 176 et 178.
(2) N. Iorga, *Archiva de Jassy*, II, p. 368 et 399.

Roumains ont habité et se trouvent aujourd'hui encore soit en îlots plus ou moins importants, soit en groupes errant avec leurs troupeaux entre les cimes des Balkans et les plaines du Danube (Weigand, *Die Rumænische Dialekte in Serbien*, Leipzig, 1900, page 10).

L'origine de la population roumaine de Serbie est complexe.

Il est possible qu'il y ait des restes des populations indigènes latinisées et des colons roumains qui se sont retirés de la Dacie, fuyant l'invasion des barbares. Ces populations ont été en grande partie slavisées [1] à la suite de la lutte qu'elles ont soutenue pendant des siècles contre les Serbes venus du Nord. Cependant, dans certaines contrées plus retirées, dans les replis des montagnes, des restes de cette population romanisée se sont conservés au moins jusqu'au moyen âge. On trouve des traces irrécusables de leur existence au Sud de notre région dans les écrits officiels des tzars serbes des XIVᵉ et XVᵉ siècles [2].

Il y a certainement des éléments venus du Sud. Plusieurs traits de la vie des Roumains de Serbie attestent aujourd'hui encore que ces restes des populations latinisées ont pris une part notable à la formation de la masse roumaine actuelle qui se trouve entre le Timok et la Morava. Ainsi, dans le costume des femmes de certaines contrées, la coiffure est pareille à celle des Macédo-Roumaines et n'a pas son équivalent dans le costume daco-roumain. L'habitude de placer les hameaux sur les hauteurs des collines, qui s'observe chez les Roumains de Serbie et par quoi ils se distinguent des Serbes, est également un reste de la vie pastorale propre à une grande partie des Aroumains. Lorsque

---

(1) G. Giuglea, *Românii din Serbia*, Anuarul de Georgrafie și Antropogeographie, 1910-1911, p. 206-207.

(2) Hasdeu, *Archiva istorica*, 1867, tom. III, p. 85.

ces bergers se sont établis pour s'adonner à l'agriculture, ils ont gardé leur habitude de se construire des chalets sur les pentes des montagnes et sur les cimes des collines. Là, ils ont défriché la terre et cultivé les hauts plateaux au milieu des forêts. C'est pourquoi nous trouvons très souvent des villages roumains perchés à des hauteurs que ne pratiquent pas leurs voisins slaves.

La toponymie du pays donne des indications dans le même sens. Plusieurs noms de villages sont d'origine latine. D'autres ont été altérés par le temps et ont ajouté des suffixes slaves à leurs racines latines : Corbova, Geanova, etc.

Mais toute cette population roumaine autochtone aurait disparu en se dénationalisant, si de nouvelles alluvions n'étaient intervenues pour la conserver en lui donnant une vitalité nouvelle et une importance croissante. Il est incontestable que ces alluvions sont venues, le plus souvent du Nord-Ouest (Banat) ou du Nord-Est (Valachie). Selon les historiens serbes, l'époque qui a pu voir passer du Nord au Sud du Danube le plus grand nombre de Roumains serait la fin du xv° siècle. En effet, selon Caric (1) : « Vers l'an 1481, lorsque les princes Pavo et Smai et le despote Vuc ont transporté dans le Banat environ 50.000 Serbes, la place restée vide en Serbie a rendu possible l'immigration de populations étrangères », parmi lesquelles il y a eu sans doute des Roumains (2).

D'autres écrivains serbes, M. Jakchitch par exemple, pensent que l'immigration roumaine a commencé au xvii° siècle (3). Certains documents laissés par le voévode valaque Matei Bassarab établissent qu'en 1630, un

---

(1) *La Serbie*, p. 92.
(2) Cité par Boga, p. 5 (*Romănii din Serbia, Anuarul de Geografie şi Antropogeografie*).
(3) *Des races du Cnezat de la Serbie*, Petrograd, 1873, p. 24 (cité par Boga).

village roumain a passé le Danube et s'est fixé près de Vidin, pour se soustraire aux dures conditions que les boyars lui imposaient. Le général Marsigli, qui a voyagé dans la plaine du Danube vers 1690, a constaté la présence de Roumains en Serbie et cite des localités roumaines sur la rive droite du fleuve : preuve évidente que cette population habitait cette région depuis quelque temps au moins. Des courants d'immigration ultérieurs, aux XVIII⁰ et XIX⁰ siècles, surtout pendant le régime du « Règlement Organique », loi constitutionnelle oppressive imposée aux principautés roumaines pendant l'occupation russe en 1834, ont pu donner, il est vrai, l'impression que la population roumaine de Serbie est de date récente. Mais l'ancienneté de la population roumaine dans la vallée du Timok et de la Morava est établie sans contestation possible.

On peut, d'ailleurs, distinguer assez facilement entre les différentes vagues de populations roumaines qui ont eu comme lieu d'origine, soit le Banat et la Transylvanie ou la Hongrie, soit la Valachie ou « Tsara Romăneasca ». En effet, les Roumains venus du Banat et de Transylvanie, pays dominés par la Hongrie, s'appellent « Ungureni » (Hongrois) ou « Munteni » (montagnards). Ceux qui sont venus de Valachie (ou Tsara Romăneasca) s'appellent « tsarani ». D'habitude, les Roumains venus de Hongrie sont, tout comme les Macédo-Roumains, des pâtres qui ne connaissent que l'élevage et qui vivent sur les hauteurs comme les pâtres macédo-roumains, et en se mêlant à eux. D'autres, venus de la petite Valachie, gardent leur goût pour les travaux agricoles et s'établissent de préférence dans la plaine. Nouvelle justification de leur nom de « tsarani », hommes de la plaine, qui les différencie des montagnards (1).

____

(1) G. Giuglea, *op. cit.*, p. 212 et suiv.

III. — *Importance de l'élément roumain de Serbie*

Quelle que soit l'époque et la cause de leur immigration, le fait important, le seul qui compte, est qu'il y a, dans cette partie de la Serbie, des Roumains en masse compacte. Des quatre districts de Kraina, Pojarevatz, Timok et Morava, les deux premiers sont presque exclusivement peuplés de Roumains; dans les deux autres, on trouve des groupes denses de Roumains alternant avec des îlots de Serbes.

Les Serbes habitent en plus grand nombre les arrondissements de Levaci et de Temnic du district de Morava, de Zaglavac et de Timok du district de Timok. On trouve des Roumains jusque dans la région de Podunafsca du district de Smeredevo.

L'importance de cet élément ethnique dans cette région est si grande qu'il imprime à ce pays un caractère roumain très prononcé. Des villes comme Pojarevatz sont roumaines pour la moitié de leurs habitants; Petrovatz est entièrement roumaine.

Dans le district de Kraina, les arrondissements de Negotin, Bârza Palanca, Cliuci, Kraina et Poreci sont presque entièrement roumains (79.000 Roumains). Dans le district du Timok les Roumains (37.840) habitent les régions de Bolievatz et de Zaiciar. Dans le district de Morava, l'élément roumain (20.610) habite plus particulièrement les régions de Despotovatz, Reshava et Parachim. Enfin, dans le district de Pojarevatz, les Roumains (approximativement 92.840) peuplent le territoire presque entier des arrondissements de Golubatz, Jvijd, Mlava, Morava, Pojarevatz, Ram et Homol.

Dire exactement le nombre des Roumains qui habitent les quatre districts du Nord-Est de la Serbie est à peu près impossible dans l'état actuel des choses. La statistique serbe, en effet, a évolué, dans ces derniers 70 ans, d'une manière singulière.

La première statistique serbe dont il soit fait mention, celle de Iakchitch, en 1846, donne pour les Roumains de Serbie le chiffre respectable de 97.215.

Plus tard, vers 1859, le géographe français G. Lejean, dans son ouvrage sur l'ethnographie de la Turquie d'Europe, donne pour les Roumains de Serbie le chiffre de 104.343 habitants, répartis comme suit :

Région de Pojarevatz	....	39.728
—	Kraina	35.671
—	Tzerna Rejeka	20.597
—	Tchoupria	7.351
—	Smeredevo	996
		104.343

Nous ignorons quelles ont été les sources d'information de Lejean. Notons qu'il cite (p. 17) une statistique de 1857 et qu'il dit des Roumains de Serbie : « Ce sont des hommes actifs, laborieux et plus prolifiques que les Serbes et leur nombre augmente sans cesse ».

En calculant à raison de 17 0/0 l'accroissement naturel de la population roumaine et serbe pendant 11 ans, nous arrivons à 117.000, chiffre supérieur à celui de Lejean.

La preuve se trouve dans la statistique serbe qui donne le recensement de 1859, à la date même de l'apparition de son ouvrage. En effet, cette statistique indique 122.593 Roumains, rien que dans les quatre districts susmentionnés, soit exactement le nombre auquel on arrive si on calcule l'accroissement naturel de 1846.

En 1884, 25 ans plus tard, le nombre des Roumains, ayant atteint le chiffre de 149.713, n'a augmenté que de 27.000, ce qui semble assez étrange, car il devait augmenter au moins de 50.000. Mais 6 ans plus tard, en 1890, la statistique serbe ne donne plus que 143.684 Roumains, soit 6.000 de moins qu'en 1884.

Cinq ans après, en 1895, le recensement serbe don-

nera 159.510 Roumains, c'est-à-dire une augmentation
de 16.000. Il est évidemment bizarre que la population
roumaine de Serbie qui, entre 1884 et 1890 diminua de
6.000 âmes, augmente de 16.000 dans les 5 années suivantes, ce chiffre restant d'ailleurs encore au-dessous de
la réalité.

Il est vrai que la statistique officielle serbe prend sa
revanche au recensement de 1900; elle ne donne plus
alors que 122.429 Roumains, c'est-à-dire le chiffre
donné 41 ans plus tôt avec une diminution de 37.000
sur le précédent recensement (1). Une statistique qui
donne de pareils résultats ne mérite qu'une médiocre
confiance (2). Loin de refléter la situation ethnographique réelle de la population du royaume, il est à craindre
qu'elle traduise les préoccupations des hommes politiques de Belgrade soucieux de cacher le nombre exact
des Roumains de Serbie.

Sans doute, en même temps, des efforts persévérants et

---

(1) G. Vâlsan, *Romănia și popoarele balkanice*, p. 22.

(2) Voici, d'après un témoin oculaire, (Athanase Popovici, *Romănii din Serbia*, Romanismul, 1912, n° 4, p. 207 et 208), de quelle manière se font les recensements serbes : « Un membre du Conseil municipal, accompagné d'un scribe, fait le tour du village en demandant dans toutes les maisons le nombre des personnes qui les habitent. Quand on lui en a indiqué le nombre, il demande combien de ces personnes ont fréquenté l'école et si quelqu'un, parmi ceux qui n'ont pas fréquenté l'école, sait parler le serbe. Ensuite, le conseiller municipal ordonne à son scribe de passer dans le registre à la rubrique des Serbes tous ceux qui ont pu fréquenter l'école et tous ceux qui connaissent la langue serbe. A la fin de chaque mois, les prêtres doivent envoyer au ministère des rapports indiquant le nombre des naissances, des décès et des mariages. Or, les curés complètent d'une façon arbitraire et au hasard, la rubrique relative à la nationalité.

Dans le même village (Djaneva), un prêtre écrit : nationalité roumaine et un autre : nationalité *orthodoxe*. A l'observation que ortho-
doxe n'est pas une nationalité, il répond : « Ne pouvant mentionner nationalité roumaine ,pour ne point mentir en écrivant nationalité serbe, j'ai écrit orthodoxe et je me tire ainsi d'affaire; ceux du ministère se débrouilleront comme ils pourront... »

Un autre prêtre (Marin Iancou) de Prahova écrivait « nationalité serbe » au lieu de « roumaine » et s'excusait en disant : « Je suis déjà mal vu par les autorités; que serait-ce si je déclarais publiquement qu'il y a ici des Roumains? »

énergiques ont été faits pour « serbiser » les Roumains. Mais tous ces efforts comme on le verra plus loin sont restés infructueux. A supposer même que l'action de « serbisation » eut donné certains résultats, elle ne pourrait pas expliquer l'écart brusque entre le résultat du recensement de 1900 et celui de 1895. On ne perd pas sa nationalité et on n'oublie pas sa langue maternelle du jour au lendemain. Pour qu'un pareil résultat soit obtenu, il faut des siècles et des générations. Ce n'est pas en tout cas en quelques mois qu'on peut dénationaliser une masse de 37.000 habitants.

Il n'y a eu, d'autre part, pour déterminer cette diminution étrange de l'élément roumain de Serbie, ni émigrations, ni épidémies particulièrement importantes. D'ailleurs, en même temps, le nombre des Serbes, dans les mêmes districts, a plus que triplé, sans qu'aucune immigration considérable de Serbes ait été signalée.

Ne pouvant pas nous servir des statistiques serbes, nous ne pouvons établir le nombre exact des Roumains de Serbie que' par voie de déduction et de calcul. En 1859, la population totale des 4 districts, où les Roumains habitent en masses compactes, était de 282.378, en 1900 elle est de 635.286. Or, si en 1859 sur les 282.000 habitants il y avait 122.593 Roumains et 159.785 Serbes, il est inconcevable qu'en 1900 sur une population totale de 635.286 habitants, dans les 4 districts, il n'y ait toujours que 122.000 Roumains, comme en 1859, tandis que le reste, 513.286 habitants, seraient tous des Serbes. Cette population roumaine plus prolifique que les Serbes, d'après Lejean, et dont le nombre augmentait sans cesse est-elle donc restée stationnaire, alors que ni l'émigration ni la dénationalisation ne l'ont atteinte?

En supposant que les Roumains aient augmenté de nombre dans la même proportion que les Serbes et que les deux éléments ethniques aient ainsi conservé leurs proportions respectives de 1859, le nombre des Roumains, en 1900, devait être approximativement de 275.000 âmes, et, d'après le taux moyen d'augmentation normale de la population en Serbie qu'indique la dernière statistique de 1908 (plus de 700.000), les Roumains des 4 districts doivent être, en 1918, plus de 325.000 (1).

Mais si l'on tient compte de la forte natalité roumaine, constatée par Lejean, laquelle est supérieure à la natalité serbe, les Roumains de Serbie doivent être au nombre d'environ 350.000. Ce chiffre est sans conteste le plus proche de la vérité (2).

Pour pouvoir contester ce chiffre il faudrait invoquer la dénationalisation des Roumains (3).

----

(1) Kanitz, en 1869, comptait, dans le seul district de Pojarovatz, 48 communes purement roumaines et 54 autres où les Roumains étaient mélangés aux Serbes. La population roumaine y était de 59.626 habitants. Cependant, le recensement fait quatre ans plus tard n'en donnait que 41.457. Il diminuait d'un seul coup de 18.000 le nombre des Roumains pour un seul district. (*Das Kœnigreich Serbien*, Leipzig, 1904, page 236).

(2) Il y a encore une autre méthode pour arriver à établir aussi exactement que possible le nombre des Roumains de Serbie, méthode préconisée par M. Delalimoc (*Românii din Serbia*, p. 70 et 71). Des quatre districts serbes habités par des Roumains, deux, Kraïna et Pojarevatz, sont presque roumains dans leur ensemble ; dans les deux autres (Timok et Morava), les Roumains sont en minorité. Or, en 1914, dans les districts où les Roumains sont en majorité, le chiffre total de la population est de 343.465. La population des deux autres est de 327.470. On peut, sans exagération, considérer que les Roumains forment les trois quarts de la population des deux premiers districts et un quart dans les deux derniers, ainsi que dans la région de Podunaïska district de Smeredevo). Dans ce cas, le nombre des Roumains pour les deux premiers districts serait de 261.588 et pour les autres districts, de 81.877. En y ajoutant le nombre des Roumains habitant les villes et qui s'élève à 12.000, nous obtenons un total de 355.000.

(3) Selon les recherches sur place et les calculs de M. Vâlsan, le nombre des Roumains de Pojarevatz était, en 1900, de 77.000, et en 1912, il devait atteindre 94.000. Dans le district de Kraïna, visité et étudié de près par M. Vâlsan, le nombre des Roumains dans les 30 communes visitées en 1910 était de 50.000, tandis que la statistique n'en reconnaissait que 45.617, c'est-à-dire 5.000 de moins que

Des efforts ont été faits sérieusement dans cette direction. Quels sont-ils et quels en seront les résultats ?

IV. — *La politique nationale serbe*
et les Roumains de Serbie

Le royaume serbe, réduit aux limites d'avant la guerre balkanique, comptait à peine 3 millions d'habitants. Les Roumains de Serbie constituaient le dixième de la population du royaume. A ce moment, perdre cette population, était pour l'Etat serbe recevoir un coup bien sensible. Ses 7 ou 8 millions de frères Yougo-Slaves lui échappaient fatalement et risquaient d'être germanisés, magyarisés ou bulgarisés. Comme une faible compensation, il ne restait au Gouvernement serbe que de s'assurer la domination sur l'élément roumain et pour cela il lui fallait essayer de « serbiser » cet élément.

L'on ne peut faire un grief aux Serbes, étant donné la conception qu'on s'est faite jusqu'ici de l'unité de l'Etat, d'avoir voulu assimiler le plus possible leurs sujets roumains au reste de la nation.

Il eût fallu seulement que ce travail d'assimilation se fît sans oppression et sans violation de la conscience nationale.

Il n'en a pas été malheureusement ainsi. Nous le voyons dans le témoignage suivant de M. Vâlsan.

« A la douane on détruit pour ne pas les laisser pénétrer en Serbie toutes les publications roumaines, livres, brochures ou journaux, que les milliers de Roumains venus de Serbie en Roumanie pour y exécuter les travaux agricoles voudraient emporter avec eux. Les villages roumains ont généralement des secrétaires de mairie

n'en indiquait la statistique serbe de 1884. « Or, dit M. Vâlsan, après de minutieuses recherches, nous n'avons constaté aucun cas de dénationalisation » (*România și poporaele balkanice*, Bucarest, 1913, p. 23-24).

choisis parmi les Serbes du Banat dont le chauvinisme les rend propres à exercer une sorte de surveillance parmi les Roumains.

« On interdit aux instituteurs qui savent le roumain de parler cette langue. Les enfants roumains qui vont à l'école — et dans les villages roumains il n'y a que des écoles serbes — sont punis s'ils parlent leur langue maternelle. Tous les villages et hameaux sont pourvus d'écoles, ce qui n'est pas toujours le cas des communes et des hameaux serbes.

« L'église serbe s'est efforcée d'atteindre le même résultat que l'école. Le métropolite de Belgrade a interdit expressément aux prêtres de donner aux nouveau-nés roumains des noms roumains. Dans toutes les églises on trouve affichée une liste officielle des noms serbes qui sont seuls permis. On est arrivé à ce que les Roumains ne sachent plus prier en leur propre langue. Les prêtres ont entrepris une véritable croisade contre les livres religieux roumains. On trouvait de ces livres jusqu'à ces temps derniers, attendu que le district de Kraina dépendait naguère de l'évêché de Ramnicu Valcea qui envoyait des livres de piété à ses fidèles de Serbie. Les princes de Valachie érigeaient autrefois des monastères dans les pays roumains de Serbie. On peut encore voir les ruines du monastère bâti par Radu-cel-Mare en 1501 à Lepusna, au pied du mont Rtanu (1) ».

Il est certain que tous ces agissements n'étaient pas inconnus des dirigeants officiels de Bucarest. Cependant les autorités roumaines n'usèrent pas de représailles. Les quelques écoles serbes qui existaient sur le territoire roumain et notamment à Severin furent laissées libres ; on ne leur imposa aucune restriction.

Dans un article publié en 1913 par le *Rom* *ânul* de Arad (n° 152), organe du parti national roumain de

____

(1) G. Vâlsan, *op. cit.*, p. 26.

Transylvanie et de Hongrie nous trouvons au sujet des Roumains de Serbie les lignes suivantes : « Les Roumains de Serbie sont plus opprimés que tous nos autres frères des autres pays habités par les Roumains. On ne leur accorde aucune sorte de liberté politique, religieuse ou culturelle ; ils languissent dans une servitude à nulle autre pareille dans les pays d'Europe.

« La langue roumaine a été interdite et chassée de l'église il y aura bientôt 40 ans, les livres saints roumains ont été brûlés. On a « serbisé » les noms des prêtres et on leur a rigoureusement interdit l'emploi de la langue roumaine. Le peu d'écoles, qui fonctionnaient jadis sont fermées et remplacées par des écoles serbes où il n'est plus permis de parler le roumain. On ne peut y introduire aucun livre roumain, aucun journal...

« Nous devons demander aujourd'hui sinon la cession de toute la vallée du Timok — ce qui serait notre droit — au moins des garanties pour la liberté des Roumains de Serbie, à savoir : l'introduction de la langue dans l'école et dans l'église ; la liberté d'introduire en Serbie des livres roumains et les droits politiques pour tous les Roumains de Serbie. »

Celui qui ces temps derniers a le plus contribué à attirer l'attention du public sur la situation des Roumains de Serbie, est M. Athanasie Popovici, Roumain de Serbie, né et élevé en Serbie, fils d'un prêtre roumain d'un village des environs de Negotin, et qui a fait des études de philosophie et de pédagogie à l'étranger. Il nous fournit un bon exemple de ces abus de l'administration serbe. Contrairement à son désir, les autorités serbes lui ont imposé à l'école de changer son nom de famille, qui était *Fournica,* en un nom purement serbe : Popovici. Ne pouvant endurer ce régime de violence il s'expatria et s'établit en Roumanie. Son cas n'est pas unique.

V. — *La résistance des Roumains*

Quoique la résistance des Roumains de Serbie et leurs luttes contre la serbisation n'aient pas fait beaucoup de bruit et ne soient pas allé jusqu'à prendre la forme d'un irrédentisme roumain aigu, elles n'en sont pas moins réelles ni moins efficaces. L'élément roumain, en dépit de l'école, de l'église et de l'administration serbes, s'est conservé et a prospéré en se multipliant au moins autant que l'élément serbe. Une enquête impartiale pourrait à tout moment confirmer cette assertion.

La résistance et la lutte de l'élément roumain de Serbie ont eu plutôt le caractère d'une résistance passive.

Ceux des Roumains qui ont passé par l'école serbe et ont appris la langue serbe ne peuvent s'empêcher de préférer toujours la langue roumaine apprise au sein de la famille. Ils ont gardé l'admiration de leur patrie d'origine et de prédilection, cette Roumanie (Valachie) riche et beau pays qui s'étend jusqu'à la Russie. Ayant conscience de l'état précaire dans lequel ils se trouvent, les Roumains se plaignent de n'être ni Serbes ni Roumains et en éprouvent un profond chagrin. Quand ils rencontrent un frère de Roumanie, ils l'écoutent parler avec plaisir et soupirent les yeux pleins de larmes: « Comme nous serions heureux d'être avec vous » (1).

Un Roumain ayant visité quelques villages, sur la route qui va de Cladova en face de T-Severin, jusqu'à Brza-Palanka, y a recueilli quelques informations et impressions qui ne sont pas dépourvues d'intérêt pour la question que nous étudions ici. « Les rapports qui existent entre les Roumains des deux rives du Danube sont tellement étroits que la nécessité se fait impérieusement sentir de communiquer entre eux par écrit. Or, comme les Roumains de Serbie ne connaissent pas l'alpha-

____

(1) G. Vâlsan, *România si poporaele balkanice*, p. 26-27.

bet latin — on leur interdit sévèrement de l'apprendre et d'en user — ils souffrent beaucoup de ne pouvoir adresser de lettres à leurs parents et amis de l'autre rive. A ce point même, que les prêtres serbes des villages que j'ai traversés m'ont prié — ils parlent le roumain, mais, ne connaissant pas les caractères latins, ne peuvent l'écrire — de leur tracer l'alphabet latin, afin de pouvoir satisfaire au désir ardent de leurs ouailles roumaines, qui veulent envoyer des lettres en Roumanie. On pense bien que je l'ai fait de tout cœur. Ceci prouve que le prêtre serbe et l'instituteur, loin d'arriver à désapprendre aux Roumains leur langue maternelle, et à leur apprendre à parler et à écrire le serbe, sont, eux-mêmes, obligés, non seulement d'apprendre à parler le roumain, mais aussi à l'écrire. Cela prouve aussi quelle est la soif et la nécessité que ressentent les Roumains de Serbie d'apprendre à écrire leur langue, chose qui leur est si injustement défendue. »

D'ailleurs, tous les efforts que font les autorités serbes pour serbiser les Roumains se dépensent en pure perte. A elle seule, la femme roumaine, avec son conservatisme obstiné, suffit pour neutraliser ou compenser ces efforts et leurs faibles résultats. Quand une Roumaine épouse un Serbe, ce n'est pas elle qui apprend le serbe, mais c'est toute la famille de son époux qui apprend le roumain. Ses enfants ne parleront que roumain et son entourage finira, tôt ou tard, par parler roumain (1).

Sans doute, la langue seule ne suffit pas pour constituer une nation. Elle n'est que le signe indicateur de la nation et, comme telle, elle n'épuise pas l'idée de nationalité. Sur ce point, nous partageons l'idée claire et nette qu'a formulée, à plusieurs reprises, avec compétence et autorité, M. A. Gauvain.

Mais la langue n'est pas le seul lien qui relie les Rou-

____

(1) Delaümoc, *Românii din Serbia*, Bucarest, 1907, p. 6.

mains de Serbie aux Roumains du royaume et du Banat. En dehors de la langue, il y a entre les Roumains qui habitent les deux rives du Danube, non seulement la communauté d'origine, une véritable filiation, mais une parfaite communauté de mœurs. Rien d'étonnant à cela, parce que, comme nous venons de le montrer, la grande majorité des Roumains de Serbie sont venus du Banat et de la petite Valachie. Les Roumains du royaume ne peuvent pas être plus Roumains qu'eux.

Les mœurs, le costume, les superstitions, les légendes, le folklore sont les mêmes parmi les Roumains, aussi bien au Sud qu'au Nord du Danube. J'ai sous les yeux une collection de poésies et noms populaires des Roumains de Serbie. Ce sont absolument les mêmes légendes, balades et « doïne » qu'on trouve chez les Roumains du Nord du Danube.

De plus, ils ont la volonté profonde et tenace de vivre ensemble. S'ils ne l'ont pas exprimée extérieurement et publiquement, c'est qu'ils en ont été empêchés. A plusieurs reprises, ils ont envoyé des délégations à Bucarest pour demander aide et protection au Gouvernement roumain. Celui-ci les a découragés pour conserver des rapports amicaux avec le Gouvernement serbe, avec lequel il devait collaborer dans la lutte contre les Austro-Magyars. Mais, si cette volonté de rester Roumains et de s'unir aux Roumains, si leurs sentiments de Roumains, dont nous venons de citer quelques cas, n'ont pas pu se dépenser en surface, ils se sont développés en profondeur. Ce n'est qu'ainsi qu'on peut s'expliquer pourquoi cette population roumaine, sans église et sans école roumaines, a fait preuve d'une endurance et d'une résistance nationales sans pareille. Non seulement cette population ne diminue pas, mais elle se multiplie et, au lieu de se serbiser, elle arrive assez souvent à roumaniser ses voisins serbes.

II

MACEDOINE SERBE ET VIEILLE SERBIE

En Macédoine et en vieille Serbie, il est encore plus difficile qu'en Serbie d'établir le nombre des habitants roumains. Le recensement régulier et les statistiques sont inconnus dans l'empire des Sultans. Pour se faire une idée de ce nombre, on est obligé de recourir à des appréciations et à des méthodes de recherches qui laissent beaucoup à désirer. C'est pourquoi les chiffres que les différents savants et écrivains ont donnés pour les Macédo-Roumains sont très variables.

Selon M. Const. Noe, professeur roumain né en Macédoine et ancien élève du lycée de Monastir, qui a publié une des dernières études sur ce sujet, le chiffre qui s'approcherait le plus du nombre exact des Roumains des Balkans serait intermédiaire entre 600.000 et 700.000 (1).

Mais ce qui nous intéresse ici, ce n'est pas le nombre de tous les Roumains des Balkans, mais seulement celui des Roumains de la vieille Serbie et de la Macédoine serbe. D'après les statistiques et les renseignements que l'auteur mentionné a pu recueillir, nous pouvons établir le nombre approximatif de Koutzo-Valaques qui vivent en masses compactes dans 3 ou 4 centres plus importants de la Macédoine serbe et de la vieille Serbie.

A vrai dire, seuls nous intéressent ici les Roumains des vilayets de Monastir et de Kossovo et, plus précisément, dans le vilayet de Monastir, les Koutzo-Valaques du sandjak de Monastir. Car, après la seconde

____

(1) *Les Roumains Koutzo-Valaques*, Bucarest, 1913, p. 11.

guerre balkanique, seule cette partie du vilayet de Monastir ainsi que tout le vilayet de Kossovo sont passés sous la domination serbe.

Or voici les villages habités par les Roumains et le nombre de leurs habitants roumains.

Sandjak Monastir

Beala de sus	2.300	Florina	700
Beala de jos	2.600	Gopech	4.200
Belkamen	1.800	Iankovets	800
Krouchova	9.000	Magarova	4.300
Monastir	27.000	Molovichte	4.200
Negovani	1.600	Prilep	1.200
Neveska	6.700	Resna	3.100
Nijopoli	4.500	Pissouderi	3.260
Okrida	3.700	Ternova	4.800
Papadia	850	Tristinik	420
		Total	86.430

VILAYET DE KOSSOVO
1 Sandjak Uskub

Comanovo	1.200	Ferizovitch	200
Cotchiani	450	Liopeltzi	360
Egri Palanka	750	Uskub	2.000
		Total	4.960

2 Sandjak Ipec

Calcandele	1.000	Prizrend	4.300
		Total	5.300

Total général 96.690

Le nombre des Koutzo-Valaques qui, après la paix de Bucarest de 1913, sont restés sous la domination serbe atteint donc le chiffre important de 96.690 habitants. Si l'on y ajoute un nombre d'au moins 15.000 pâtres qui promènent leurs troupeaux entre les Balkans et les plaines de la Morava, jusqu'au Danube, on arrive au chiffre de 112.000 Roumains Koutzo-Valaques en Serbie.

Nous reconnaîtrons volontiers qu'entre le parler macédo-roumain et la langue des autres Roumains de Serbie, il y a assez de différence pour que le premier constitue un dialecte distinct.

Mais, en ce qui concerne la conscience nationale, les sentiments nationaux et la volonté de rester Roumains et de se constituer politiquement en un groupe indépendant, les Koutzo-Valaques sont très avancés. Cela tient, sans doute, non seulement au fait que, ayant joui de certaines libertés depuis les temps reculés, les Koutzo-Valaques sont arrivés à un état de prospérité économique enviable, mais aussi à ce que le régime turc, malgré ses intolérances et ses cruautés, accordait aux allogènes plus de droits et de libertés que le gouvernement chrétien et démocrate de Belgrade. Les Macédo-Roumains eurent leurs écoles nationales depuis 1864. Dans les derniers temps, ces écoles, grâce au concours que leur prête le gouvernement de Bucarest, se multiplièrent et se développèrent. Depuis bientôt 15 ans, les Koutzo-Valaques obtinrent du *Sultan rouge* le droit d'avoir leur église nationale. Ce sont là des droits et des libertés qui furent systématiquement refusés aux Roumains du nord-est de la Serbie.

Quant à l'origine et à l'importance économique, sociale et politique, des Koutzo-Valaques dans les Balkans, il est presque inutile d'y insister. Elles sont assez connues et suffisamment appréciées. A l'instar des Albanais et des Grecs, les Koutzo-Valaques forment une population autochtone des plus vieilles dans ces parages. Ils avaient, dans l'empire byzantin, joui de certains privilèges et d'une véritable indépendance politique et nationale. A l'arrivée des Turcs, ils gardèrent en bonne partie cette situation. La domination turque, à laquelle ils se plièrent sans vaine résistance, leur octroya certains droits et de véritables privilèges, que ne connurent ni leurs voisins grecs ni les Slaves.

Grâce à cette situation privilégiée, les Koutzo-Valaques conservèrent leur conscience nationale intacte et constituèrent, avec le temps, la véritable élite des populations balkaniques. Aujourd'hui encore, ils se distinguent par leur finesse, leur habileté et leur situation économique prospère, qui font d'eux la fleur de la bourgeoisie des villes balkaniques, aussi bien en Macédoine qu'en Albanie. Une bonne partie de l'élite roumaine, tant en Roumanie qu'en Hongrie, s'est recrutée parmi ces Koutzo-Valaques de Macédoine. La grande figure de *Shaguna*, métropolite de la Transylvanie, et les familles de *Mocioni*, de *Doumba*, etc., du Banat sont originaires de Macédoine.

CONCLUSION

Les deux groupes de Roumains de Serbie qui, réunis, donnent le chiffre respectable de 460.000 âmes ont, chacun, son importance et ses qualités. Si les Roumains qui habitent entre le Timok et la Morava sont moins avancés socialement et intellectuellement, ils ont l'avantage d'être beaucoup plus nombreux et d'être identiques, à tous les points de vue, aux frères libres de Roumanie et à ceux du Banat et de Transylvanie. De plus, ils constituent une masse compacte sur la frontière danubienne du Banat et du royaume de Roumanie. Ces Roumains de Serbie ne se sont pas jusqu'ici révoltés contre la domination serbe ; il faut certainement attribuer en partie cette résignation à la loyauté du gouvernement de Bucarest, qui a toujours recommandé aux Roumains transdanubiens la patience et la fidélité au Gouvernement serbe.

Quoiqu'il en soit du caractère de ces deux groupes de populations roumaines de Serbie, la question qui se pose aujourd'hui est : Quel est leur destin dans l'avenir ? Quel est le sort qui les attend ? Va-t-il s'ouvrir, pour eux, une époque de justice, de liberté et d'indépendance ? La grande victoire que les puissances de liberté et de justice ont remportée contre les empires de proie et d'oppression aura, sans doute, une heureuse conséquence pour les Roumains de Serbie. Elle leur apportera, comme à tant d'autres peuples qui ont souffert comme eux, la liberté qu'ils ont si ardemment espérée et la justice qui leur fut toujours refusée. L'Etat serbe, considérablement agrandi, s'étendant du Timok jusqu'à l'Isonzo, ne sera plus tenté de peser sur la conscience de ses sujets roumains pour en faire à tout prix des Serbes.

Il est à espérer que les dirigeants serbes, pour se conformer aux principes du Président Wilson, adoptés par toutes les puissances de l'Entente, n'hésiteront pas à accorder aux Roumains de Serbie toutes les libertés et tous les droits légitimes qui constituent l'autonomie des nations, dans le cas où l'intérêt général et l'accord des puissances alliées exigeraient qu'ils continuassent à faire partie du Royaume serbe.

Si les Roumains de Serbie doivent rester Serbes, les Serbes du Banat doivent rester Roumains ; ou sinon, si, se fondant uniquement sur des raisons ethniques, on donne à la Serbie une partie du Torontal, alors il est équitable que les Roumains des quatre districts du nord-est de la Serbie soient réunis politiquement à leurs frères de Roumanie. Dans ce cas, les Roumains de la vallée du Timok, tout comme leurs frères d'outre-Danube, participeront à la vie nationale commune sans restrictions et sans entraves.

Mais, comme le grand fleuve qui sépare les Roumains du Timok de leurs frères du royaume et les Serbes du Banat de leurs frères yougo-slaves est une frontière naturelle, pour ainsi dire idéale, entre les deux états voisins, il est très probable que son importance géographique et politique ne sera pas méconnue. Une pareille frontière, si elle n'existait pas, devrait être inventée, et, puisqu'elle existe, il serait inconcevable de ne pas lui faire jouer le rôle qu'elle peut si bien remplir.

Il est donc fort probable que les négociateurs éclairés de la paix mondiale, pour ne pas sacrifier les avantages d'une frontière comme le Danube, atténueront, dans des limites raisonnables, le principe rigoureux des frontières ethniques. Dans le cas contraire, il resterait toujours des Serbes dans les nouveaux territoires roumains d'outre-Danube, comme il resterait des Roumains dans les territoires serbes du Banat.

Mais en accordant le Banat entièrement aux Roumains et en laissant la région Morava-Timok aux Serbes, ces deux éléments ethniques, par leur importance numérique et morale, se vaudront presque. Ils seront même un véritable gage d'amitié, solide et sûre, entre les deux nations voisines. L'un garantira à l'autre la pratique aussi large que possible de tous les droits et de toutes les libertés compatibles avec la souveraineté des états respectifs. Les Roumains accorderont aux Serbes du Banat exactement les mêmes droits et les mêmes libertés que le Royaume yougo-slave aura accordés aux Roumains de Serbie. De sorte que, ce qui, aujourd'hui encore, et hier surtout, paraissait comme un malheur et comme un motif de dispute et peut-être de conflit, deviendra demain un motif d'entente et d'amitié. Avec cette double infiltration ethnique réciproque des deux nations, le programme wilsonien de liberté, de justice et de paix, est solidement assuré, en ce qui concerne les futurs rapports des Serbes et des Roumains.

ANNEXE

Il nous a paru intéressant d'imprimer ci-dessous l'extrait d'un article paru dans un journal serbe à une date où il n'existait pas de compétition territoriale entre Serbes et Roumains. Il est difficile de demander un témoignage plus précis et moins suspect de complaisance pour les Roumains.

Accompagné de quelques amis, j'ai entrepris une excursion à pied de Belgrade à Negotin, aller et retour. A notre départ, j'en éprouvai une grande joie, comme quelqu'un qui fait un voyage de plaisir dans son propre pays. Mais, pendant le voyage, j'ai eu le sentiment de voyager en pays étranger, je m'y suis senti étranger.

De Petrovatz par Clissoura, Gorviaci et de là jusqu'à Zaïciar et Negotin, par les montagnes Homoli, on rencontre une grande masse de Roumains.

Suit une description peu flatteuse des Roumains que nous préférons ne pas reproduire par souci de conciliation.

La langue qu'ils parlent a pris, dans ces districts, une telle prépondérance, qu'il est très difficile de se servir du serbe dans ce pays. La preuve en est que les commerçants qui viennent en contact avec ces sauvages sont obligés d'apprendre leur langue.

C'est une chose horrible de penser qu'un commerçant, un prêtre, uh instituteur ou le maire doivent parler avec leurs concitoyens la langue roumaine, c'est encore plus horrible d'entendre chose semblable.

Pour qu'on se fasse une idée du point auquel les Roumains-Serbes ont poussé les choses, il suffit que je mentionne que certaines dispositions ou règlements administratifs dans certains arrondissements doivent être publiés et affichés en langue roumaine (à Barza Palanka,

Techia). Jusque dans les écoles, les instituteurs donnent aux enfants les leçons en roumain.

Ayant demandé à un de ces instituteurs pourquoi il donne ses leçons en roumain, il m'a répondu : « Parce que les enfants ne savent pas le serbe et que je ne puis pas leur faire apprendre une langue qu'ils ne connaissent pas ».

(*Pravda*, nᵒ 375, décembre 1909).

TABLE DES CARTES

1. — Serbie septentrionale : divisions départementales.

2. — Les Roumains de Serbie, d'après Lejean et d'après Mackensie et Irby.

3. — Les Roumains de Serbie, d'après Kiepert et d'après Florinsky.

4. — Les Roumains de Serbie, d'après L. T. Boga.

5. — Les Roumains de Serbie, d'après Vâlsan et Giuglea.

TABLE DES MATIÈRES

AVANT-PROPOS 5

I. — LES ROUMAINS DE SERBIE ENTRE MOROVA ET TIMOK . 7

   I. — Le cadre géographie 7

   II. — Ancienneté des populations roumaines en Serbie . 8

   III. — Importance de l'élément roumain de Serbie . . . 12

   IV. — La politique nationale serbe et les Roumains de Serbie 17

   V. — La résistance des Roumains 20

II. — MACÉDOINE SERBE ET VIEILLE SERBE 23

CONCLUSION 27

ANNEXE 30

Imp. Dubois et Bauer, 31, rue Laffitte, Paris

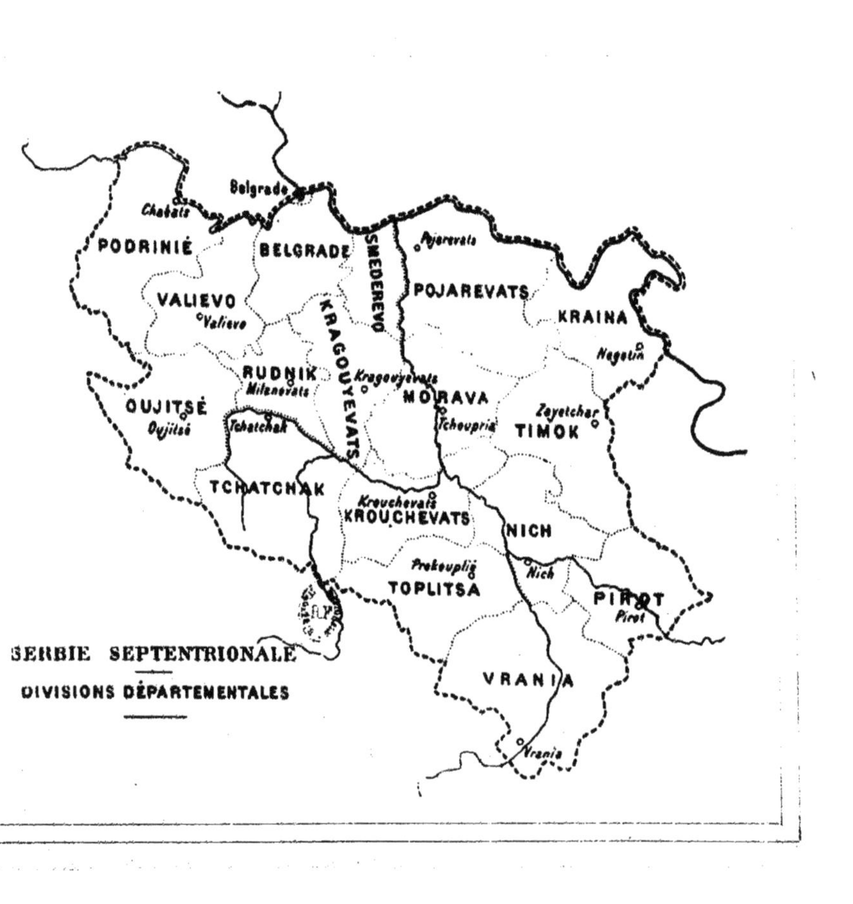

Belgrade
Chabats
PODRINIÉ
BELGRADE
Pojarevats
VALIEVO
Valievo
SMEDEREVO
POJAREVATS
KRAINA
KRAGOUYEVATS
Negotin
RUDNIK
Milanovats
Kragouyevats
MORAVA
OUJITSÉ
Oujitsé
Tchatchak
Tchoupria
Zayetchar
TIMOK
TCHATCHAK
Krouchevats
KROUCHEVATS
NICH
Prokouplie
Nich
TOPLITSA
PIROT
Pirot
SERBIE SEPTENTRIONALE
DIVISIONS DÉPARTEMENTALES
VRANIA
Vrania

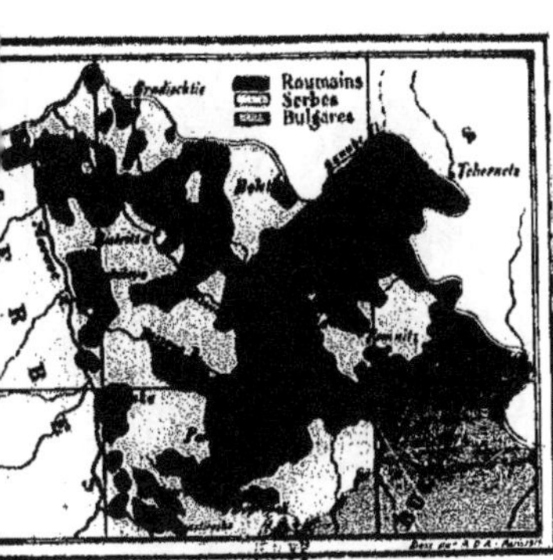

LES ROUMAINS DE SERBIE
(Région du Timok et de la Morave)
d'après la carte ethnographique de la Turquie d'Europe
et des Etats vassaux autonomes, par G. LEJEAN,
publiée dans *Petermann's Mittheilungen*
Gotba, 1861.

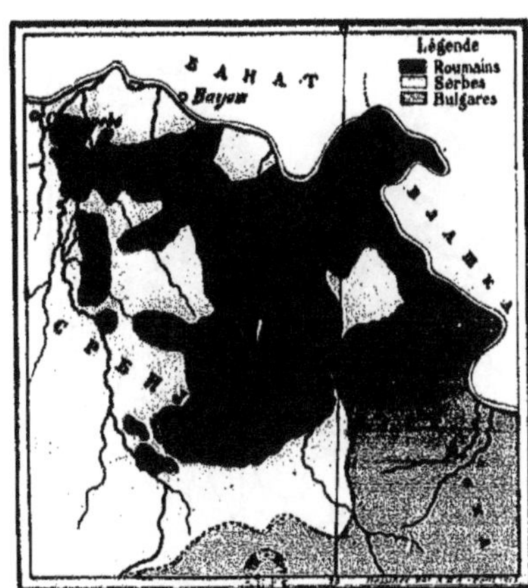

LES ROUMAINS DE SERBIE
(Région du Timok et de la Morave)
d'après la carte ethnographique des Sud-Slaves, publiée
par MACKENSIE et IRBY
dans *Travels in Slavonic provinces of Turkey*
1867.

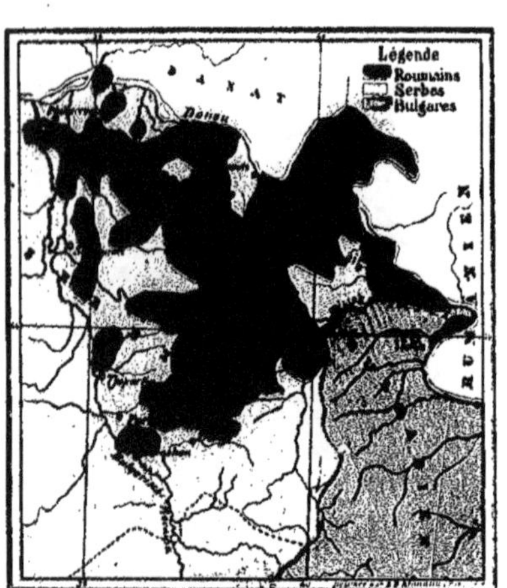

LES ROUMAINS DE SERBIE
(Région du Timok et de la Morave)
d'après H. KIEPERT
Völker und Sprachen-Karte von
Oesterreich und den Unter-Donau-Ländern
Berlin, 1869.

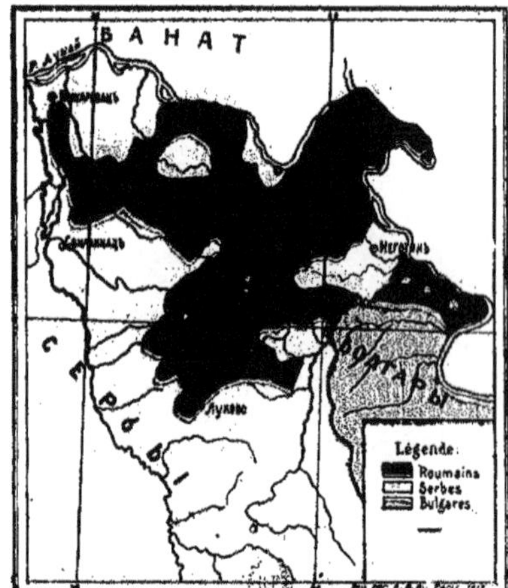

LES ROUMAINS DE SERBIE
(Région du Timok et de la Morave)
d'après la carte ethnographique des Slaves occidentaux et de la
Russie occidentale, par le professeur T. D. FLORINSKY
(Edition de la Société Slave de bienfaisance)
Kieff, 1911.

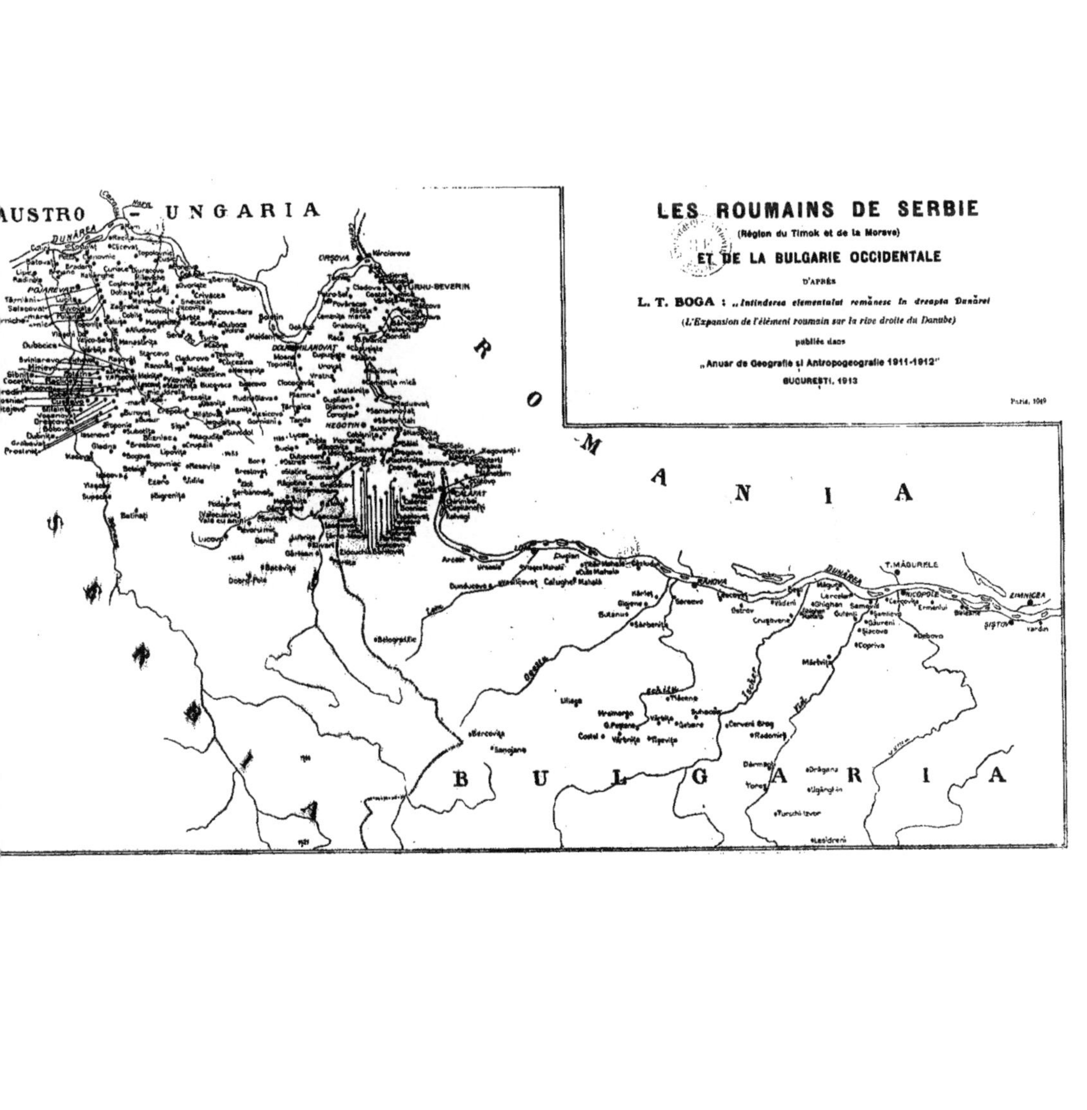

LES ROUMAINS DE SERBIE
(Région du Timok et de la Morava)
ET DE LA BULGARIE OCCIDENTALE
D'APRÈS
L. T. BOGA : „Intinderea elementului romănesc în dreapta Dunărei
(L'Expansion de l'élément roumain sur la rive droite du Danube)
publiée dans
„Anuar de Geografie și Antropogeografie 1911-1912"
BUCUREȘTI, 1913
Paris, 1919
AUSTRO - UNGARIA
ROMANIA
BULGARIA

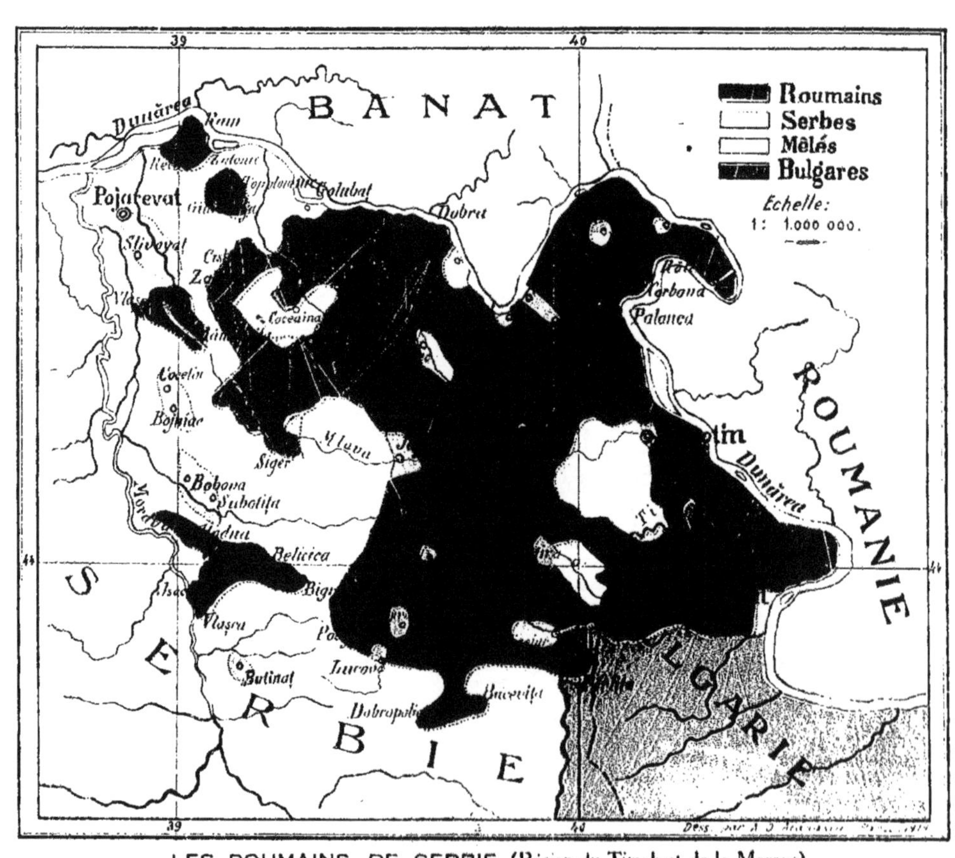

LES ROUMAINS DE SERBIE (Région du Timok et de la Morave)
d'après G. VALSAN & G. GIUGLEA

Tinutul Remânilor din Serbia si din Balgaria apaseana (La région habitée par les Roumains en Serbie et dans la Bulgarie occidentale)
publiée dans : *De la Remânii din Serbia* Bucuresti, 1913.